RÉSUMÉ

DU VOYAGE

D'EXPLORATION

DE M. COSTE

MEMBRE DE L'INSTITUT

SUR LE LITTORAL DE LA FRANCE ET DE L'ITALIE,

PAR

A. CONSTANTIN

PHARMACIEN DE 1re CLASSE DE L'ÉCOLE DE PARIS; — MEMBRE RÉSIDANT DE LA
SOCIÉTÉ ACADÉMIQUE DE BREST;
SECRÉTAIRE DU CONSEIL D'HYGIÈNE ET DE SALUBRITÉ
DE L'ARRONDISSEMENT DE BREST.

————•◦•◦•◦•————

BREST
LIBRAIRIE DE J. B. ET A. LEFOURNIER
86 GRAND'RUE 86
——
1862.

RÉSUMÉ

DU

VOYAGE D'EXPLORATION DE M. COSTE

MEMBRE DE L'INSTITUT

SUR LE LITTORAL DE LA FRANCE ET DE L'ITALIE.

——◦◦❧◦◦——

PREMIÈRE PARTIE.

Voyage en Italie à Comacchio et au lac Fusaro.

———

Les travaux publiés jusqu'à ce jour par M. Coste sont, croyons-nous, assez peu connus, et présentent cependant par les matériaux qu'ils renferment un attrait irrésistible, ainsi que des détails d'une science nouvelle féconde en résultats, et surtout mise à la portée des personnes en général peu versées dans l'étude des sciences naturelles. En dehors des beaux travaux d'embryogénie qui ont valu à M. Coste la chaire du Collége de France, et qui lui ont ouvert les portes de l'Institut,

1

nous citerons son voyage d'exploration sur le littoral de la France et de l'Italie.

Cet ouvrage est écrit avec un soin et une facilité de style que nous essaierions en vain d'imiter; aussi nous contenterons-nous de résumer son bon travail, trop heureux d'avoir pu réussir à tenir quelques instants nos auditeurs sous le charme de ses savantes narrations.

INDUSTRIE DE LA LAGUNE DE COMACCHIO.

APERÇU GÉNÉRAL.

Après avoir parcouru la terre fertile et riante de la Lombardie, le voyageur qui arrive à Ferrare se trouve, après quelques heures de marche dans la direction de l'Adriatique, au cœur d'une campagne plate et sablonneuse où règnent le silence et la misère, et arrive au sein de la colonie industrielle la plus curieuse, mais la moins connue peut-être de toutes celles qui existent sur la surface du globe. Nous voulons parler de la population de Comacchio. C'est là que cette population intéressante vint se réfugier au sein de l'immense marécage que plusieurs siècles ont vu transformer en un véritable instrument d'exploitation de la mer; son ingénieuse industrie y attire le jeune poisson éclos dans l'Adriatique, et le récolte quand il est adulte, par des procédés aussi rationnels que ceux des agriculteurs pour ensemencer la terre et en recueillir les fruits.

Moins favorisée que celle de Venise, sa voisine, cette population appliqua son génie à combiner un admirable système de digues formées de la fange de ses lacs, coupées par de nombreuses écluses et reliées à des canaux bien ménagés ; ces canaux, en donnant accès aux flots de l'Adriatique et à ceux des rivières qui bordent deux des côtés de la lagune, permettent d'opérer à volonté sur cette lagune tout entière ou sur chacun de ses compartiments, avec autant de facilité que s'il s'agissait d'un appareil de laboratoire. Ce travail gigantesque est modestement accompli par des hommes simples et résignés au sacrifice de leur sommeil pendant les nuits orageuses où la tempête tourmente la lagune et en soulève les flots. Ces hommes, malgré leur fatigue, sans cesse renouvelée, et leur alimentation en apparence peu réparatrice, sont robustes, et vivent aussi longtemps que ceux des contrées où l'on ne mange que de la viande. Les femmes, exclusivement vouées à l'éducation de la famille et aux soins du ménage, ne sont point admises à quitter le foyer domestique pour prendre part aux travaux d'exploitation de la lagune. Comme les femmes de l'Orient, elles ne sortent jamais sans être enveloppées d'un voile qui couvre leur front et encadre leur figure régulière. Cette colonie tout entière, réfugiée dans une île solitaire qu'une immense lagune isole de toutes les contrées voisines, réduite pour vivre à exploiter les eaux comme les autres exploitent leurs champs, soumise à un régime presqu'exclusivement formé de trois espèces de poissons, le muge, l'anguille et l'acquadelle, a pu traverser une longue séries de siècle en conservant le type de sa race.

Maintenant que nous avons analysé rapidement cette première partie du voyage de M. Coste à Comacchio, nous continuerons à retracer avec lui la curieuse organisation de la lagune et à montrer comment l'industrie de ses paisibles habitants est parvenue à transformer cette lagune en une fabrique de substance alimentaire.

La lagune de Comacchio est située sur les bords de l'Adriatique, entre l'embouchure du Pô et le territoire de Ravenne, à 44 kilomètres de Ferrare ; elle forme là un immense marécage de 140 milles de circonférence, de 1 à 2 mètres de profondeur, qu'une simple bande de terre sépare de la mer, avec laquelle le port de Magnavacca lui ouvre une communication permanente. Deux rivières, le Reno et le Volano, qui furent jadis des branches du Pô, embrassent ce vaste marécage dans une espèce de delta, comme le Rhône les marécages de la Camargue ; elles en côtoient les rives du Sud au Nord et descendent à la mer où leurs embouchures forment deux ports distants l'un de l'autre de 20 kilomètres, entre lesquels se trouve celui de Magnavacca.

Parmi les îles nombreuses qui s'élèvent à la surface de ces eaux, il en est une, étroite et longue, un peu plus spacieuse que les autres, placée au cœur de la lagune ; c'est là que ces pêcheurs industriels vinrent chercher un refuge et fondèrent sur un ruban de terre de 1,250 mètres de longueur et de 200 mètres de largeur, dans sa partie moyenne, une ville qui compte aujourd'hui 6,660 habitants. Elle s'allonge d'un bout à l'autre de cette île en une seule rue qui commence par un monastère et finissait naguère encore par une forteresse, dont la révolution de 1848 a fait disparaître jusqu'aux derniers vestiges. Les maisons qui la composent, ordinairement à un seul étage, à cause de la violence des vents, sont uniformes et d'une assez modeste apparence. Ses habitants, solitaires et sans ambition dans l'obscure retraite où les pêches de la lagune suffisent à leurs besoins, y sont restés jusqu'à ces derniers temps sans établir de communication directe avec les contrées environnantes. Leurs barques furent toujours leur unique moyen d'aborder le continent dont les populations n'avaient pas d'autre voie pour venir à leur rencontre; mais plus tard deux voies de communication s'établirent : l'une de l'extrémité de l'île vers Ravenne; l'autre, construite en 1844, s'étendit vers le territoire de Ferrare, d'où désormais les curieux ou les artistes, en se détournant de leur chemin, iront admirer l'œuvre immense de cette colonie sans pareille.

L'idée d'une si ingénieuse organisation leur fut inspirée par la découverte de l'instinct particulier qui porte certaines espèces de poissons à remonter les cours d'eau par légions innombrables quelque temps après leur éclosion, et à regagner la mer quand ils sont adultes. C'est à ces migrations périodiques qu'on donne le nom de *montées;* elles durent depuis le mois de février jusqu'à celui d'avril ou de mai, selon la température ou la différence des climats.

Frappés de ce fait immense, et toujours en présence de ce grand spectacle, les habitants de Comacchio furent naturellement conduits à se préoccuper des moyens de le faire tourner au profit de leur industrie. Ils imaginèrent donc, pour atteindre ce but, d'avoir recours à un double mécanisme qui, après avoir attiré ces bancs de semence dans leur lagune, les entraînerait ensuite, quand les poissons seraient adultes, vers des magasins où la récolte irait elle-même se rendre, et voici par quelle combinaison leur bon sens réalisa cet admirable projet.

Pour donner à cette semence un accès facile dans la lagune et l'inciter à y rentrer, ils ouvrirent en plusieurs endroits de larges tranchées à travers les digues naturelles séparant cette lagune des deux rivières qui en bordent les côtés. Sur ces larges tranchées, dont plusieurs forment d'assez longs canaux, ils articulèrent de fortes écluses mises en jeu par une manivelle ou une vis. Ces écluses sont autant de portes qu'on ouvre à la semence, et qu'on referme dès que cette dernière s'est répandue dans les bassins de la lagune. Une fois toutes ces écluses achevées, il fallait encore ajouter un perfectionnement de plus à ceux qu'on avait déjà réalisés, et ce fut au moyen d'un endiguement considérable qu'on y arriva. Ce dernier perfectionnement eut pour résultat de diviser la lagune en un grand nombre de compartiments, et de faire que chacun d'eux devint l'image raccourcie de la lagune elle-même.

Nous ne parlerons ici ni du contrat de fermage ni du gouvernement de la lagune, mais nous consacrerons quelques lignes à l'attrayante description de l'ensemencement et de la récolte de la lagune.

ENSEMENCEMENT DE LA LAGUNE.

Le 2 février de chaque année, les hommes composant la brigade d'exploitation sont dirigés vers tous les points de la lagune où se trouvent des écluses. Là, après avoir placé des filets destinés à retenir les poissons adultes qui tenteraient de s'évader, ils ouvrent ces écluses et laissent tous les passages libres jusqu'à la fin d'avril. Les courants qui se produisent alors sont remontés par les jeunes poissons qui, précisément à cette époque, quittent la mer pour s'engager dans les canaux. Cette première opération est entourée de toutes les précautions qui peuvent en assurer le succès; aussi une législation prévoyante interdit-elle l'usage de filets traînants à petites mailles, et préserve-t-elle par ce moyen la montée du jeune poisson de toutes les perturbations qui pourraient la détourner de sa marche.

Quand la tête de colonne de ces longues traînées de semence s'est mise en chemin, tout le reste continue à suivre. Les hommes qui, sous le nom de *Vallanti*, sont préposés à la garde de chacune des écluses, ont, en ce qui concerne les anguilles, un moyen de reconnaître sans troubler sa marche si la montée en est abondante ou clair-semée. Ce moyen consiste à descendre au fond des canaux d'ensemencement des fascines qui y séjournent vingt-quatre heures, et que l'on retire de temps en temps pour faire tomber les jeunes anguilles prises entre les branches, et juger ainsi de l'abondance ou de la médiocrité des semailles. Cet artifice est seulement employé relativement à l'anguille, parce qu'elle rase toujours le fond, tandis que pour les jeunes de la sole, de la dorade, etc., qui se font voir à fleur d'eau ou à peu de profondeur, on peut juger par les yeux de la quantité dont les eaux en sont chargées.

Le mélange d'une certaine proportion d'eau douce avec les flots salés de la lagune concourt à en augmenter la fertilité, parce que son action favorable au développement du jeune poisson donne à sa chair un meilleur goût; mais à l'époque de la fonte des neiges des Apennins, il se dépose sur le fond des bassins, un limon qui porte quelquefois pendant plusieurs années un préjudice sensible à la récolte. Pour remédier à cet inconvénient qui n'afflige la contrée qu'en de rares occasions, on pourrait, sans trop de dépenses, introduire dans la lagune, en quantité proportionnelle, les eaux de l'Adriatique, et l'on réussirait ainsi, selon M. Coste, à donner à cet appareil, unique dans le monde, toute la perfection dont il est susceptible. Quoi qu'il en soit, au bout de trois ou quatre mois, le phénomène de la montée cesse, et comme l'Adriatique ne fournit plus alors de semences à la lagune, les passages restant trop longtemps libres, les jeunes poissons pourraient, avant l'époque normale des pêches, déserter, à travers les mailles des filets d'attente, les lieux où ils grandissent.

Pour prévenir ces migrations, on abaisse toutes les écluses, et vers la fin d'avril, la lagune se trouve convertie en un bassin clos de toutes parts, et qui retient la montée prisonnière. Ces troupeaux aquatiques, composés principalement de soles, de muges, d'acquadelles et d'anguilles, vivent dans ces champs particuliers, chaque espèce selon son penchant, et cherchent leur pâture au milieu des conditions qui leur sont imposées.

L'acquadelle, poisson nain qui n'atteint pas la taille du goujon, et qui forme dans ces bassins des bancs innombrables, y semble la victime prédestinée de cette population carnassière. Les anguilles surtout lui livrent des assauts cruels; elles se rassemblent, s'élancent à leur poursuite et ne s'enfouissent dans la vase qu'après complète satisfaction de leur appétit féroce. Elles ne sortent de leur retraite qu'à l'âge adulte et aux époques de la reproduction pour aller à la mer d'où elles sont venues.

Le temps que mettent les anguilles à prendre tout leur accroissement ne va pas au-delà de quatre ou cinq années, au bout desquelles de jeunes anguilles de sept millimètres de longueur acquièrent, dans des bassins où on leur donne une nourriture suffisante, un poids de quatre, cinq ou six livres, ce qui conduit à cette conséquence qu'une livre de montée, composée de dix-huit cents jeunes, peut au bout de ce laps de temps, produire 3,000 kilogrammes de chair, et, en effet, les récoltes de la lagune attestent que ce calcul n'est point exagéré; or, au prix où, dans l'état actuel des choses, ce poisson se vend sur nos marchés, 3,000 kilogrammes ne représentent pas moins de 10 à 12,000 fr. On peut juger par là des bénéfices qu'on doit attendre d'une pareille industrie, et il est facile de voir que l'agriculture n'a rien qui, en échange de si peu de frais d'exploitation, puisse lui fournir de pareilles récoltes.

Nous allons maintenant consacrer quelques lignes à la récolte de la lagune, la préparation et la conservation du poisson, son commerce et son exportation.

RÉCOLTE DE LA LAGUNE.

L'opération la plus importante de l'exploitation est celle de la pêche dont on renouvelle tous les ans les appareils, fabriqués avec une espèce de roseau, l'*arundo phragmites*, qui est cultivé sur les bords de la lagune. On fabrique avec ces roseaux des nattes ou des claies, destinées à former les parois des labyrinthes, où le jeu des eaux salées doit attirer le poisson. En ajustant ces claies qui ont quatre pieds de longueur et sept pieds de hauteur, en les reliant entre elles, on en fait des bandes aussi étendues qu'on le désire. Ces pièces, une fois fabriquées en assez grand nombre, servent à organiser les labyrinthes, dont la construction, quoique fort simple, est quelquefois confiée à un architecte. La disposition de ces labyrinthes présente plusieurs compartiments ou enceintes, d'où le poisson ne peut s'échapper, et lorsqu'il est parvenu dans la dernière chambre en forme de cœur, dont l'angle aigu présente deux cloisons se touchant sans être pourtant adhérentes l'une à l'autre, il peut faire un effort pour passer outre, mais ces deux cloisons, qui avaient cédé à son impulsion à son entrée, se referment dès qu'il les a franchies et le retiennent ainsi captif. Parvenu là, non-seulement il ne peut plus rebrousser chemin, mais ne trouvant pas d'extrémité entrebaillée, il y reste définitivement prisonnier, si c'est un muge, une sole, une dorade, car ces animaux ne sauraient écarter les mailles du tissu pour le traverser; si, au contraire, c'est une anguille, elle insinue la tête ou la queue entre les roseaux, et glisse à l'aide d'efforts vigoureux à travers les parois de l'enceinte. Ces efforts n'aboutissent cependant pas à la liberté, car elle tombe dans un espace triangulaire où, après avoir erré plus ou moins longtemps, sans jamais réussir à traverser des parois dont l'épaisseur et la consistance ont été calculées de manière à résister à toutes ses entreprises, elle voit échouer ses tentatives d'évasion, et finit de guerre lasse par séjourner dans une dernière chambre qui la livre sans retour aux mains de l'industrie.

OUVERTURE DES PÊCHES.

Le jour de l'ouverture des pêches est pour la ville de Comacchio l'événement le plus important de sa vie intérieure, puisqu'il lui apporte ou l'abondance ou la misère. Les *Vallanti* ouvrent les écluses pour que les eaux de l'Adriatique pénètrent librement dans tous les bassins de la lagune, dont toutes les issues sont garnies de labyrinthes. Les flots de la mer se précipitent alors sans obstacles, à travers les parois perméables des labyrinthes, et arrivent sous forme de courants dans des bassins où l'évaporation a diminué le niveau des eaux en même temps qu'elle en a augmenté la salure. Ces courants d'eau fraîche éveillent partout l'instinct de l'émigration auquel les poissons obéissent, ils les remontent jusqu'aux labyrinthes, et ne peuvent continuer à les suivre qu'à la condition de s'engager dans les défilés de ces labyrinthes. Ils en parcourent tous les détours jusqu'aux derniers compartiments, et ils s'y accumulent quelquefois en si grand nombre, qu'il ne reste pour ainsi dire plus d'eau dans les chambres qu'ils remplissent.

Les habitants de la colonie choisissent plus particulièrement les nuits sombres et pluvieuses pour se trouver à leur poste autour des labyrinthes, y veillent dans le plus profond silence, et dès que les chambres sont remplies, ils se hâtent de les dégager, car si, par suite de l'encombrement, les anguilles venaient à y éprouver une trop grande gêne, elles pourraient se mettre en tumulte, et briser les parois des chambres où elles sont captives. Leur extraction s'opère au moyen d'une bourse en toile qui sert à les transborder dans les *borgazzi*, espèces de corbeilles d'osier à mailles serrées en forme de globe s'ouvrant par une bouche circulaire. On introduit dans cette ouverture un entonnoir en forte toile par lequel on verse les anguilles, et toutes les corbeilles pleines attachées à un câble sont maintenues immergées afin que le poisson puisse s'y conserver vivant jusqu'au moment de la vente ou jusqu'au moment de sa translation à la manufacture.

Cette récolte dure trois ou quatre mois de l'année, depuis août jusque décembre, mais malgré toute la surveillance possible, on dérobe tous les ans une quantité de poisson égale à celle que l'on récolte. La mortalité vient quelquefois aussi jeter la désolation au centre de cette population si industrielle ; les causes de ces désastres sont tantôt la trop grande élévatior de la chaleur, tantôt la rigueur excessive du froid, les bassins de la lagune se trouvant d'autant plus accessibles à l'une ou à l'autre de ces influences qu'ils n'ont que quelques pieds de profondeur; l'on voit alors les anguilles venir, dans les temps froids, mêler sous la glace leurs cadavres à ceux des autres espèces qui n'avaient pas eu comme elles la ressource de se réfugier dans la fange, et il y a quelques années, au dire de M. Ducati, gonfalonnier de Comacchio, l'on fut obligé d'enterrer plus de 2,963,400 kilog. de poisson.

Lorsque la pêche a donné de bons résultats, il faut alors s'empresser de conserver le poisson; aussi des barques chargées de butin arrivent-elles en grand nombre aux portes de la manufacture où se prépare le poisson destiné à l'exportation.

On fait à Comacchio deux espèces de commerce de poisson : le commerce du poisson frais et le commerce du poisson salé.

Le commerce du poisson préparé a donné naissance à une industrie dont les procédés se rapportent à trois méthodes générales de conservation, la cuisson et la salaison acétique, la salaison simple et la dessication.

La vente du poisson frais ne se fait point sans ordre de l'administration centrale, et les marchands sont tenus de se munir d'un bulletin imprimé, signé du fermier général de Comacchio. Quelquefois les anguilles sont emmenées vivantes sur les différents points du littoral de l'Adriatique au moyen de viviers flottants, en forme de barques closes, percées de trous, ou de petites meurtrières, qui les rendent imperméables à l'eau, et que l'on conduit en les remorquant, soit à travers l'Adriatique, soit à travers les fleuves qui s'y rendent; d'autres fois, si le marchand a obtenu de l'administration l'autorisation d'acheter d'autres poissons frais, mais morts, comme le muge, la sole, la dorade, il les place dans des caisses spéciales, où il les aligne en les recouvrant successivement d'une couche de glace, et il les vend sur sa route si la température ne lui offre pas toutes les chances de succès possibles jusqu'à destination.

Quant au poisson cuit, mariné, salé et fumé, on peut le transporter aussi loin qu'on le désire. La ville de Comacchio en fait le commerce avec diverses parties de l'Italie, telles que la Lombardie, la Vénétie, le Piémont, la Toscane, Parme, Plaisance, les Etats Pontificaux, Naples, Trieste, et en outre avec quelques contrées de l'Allemagne et de la Russie. Vienne, Prague, Varsovie consomment à elles seules plus de mille barils par an d'anguilles marinées.

INDUSTRIE DU LAC FUSARO.

BANCS ARTIFICIELS D'HUITRES.

Nous arrivons à la seconde partie du voyage de M. Coste en Italie. Cette seconde partie comprend l'exploitation huitrière du lac Fusaro dont les résultats sont au moins aussi remarquables que ceux que l'on obtient depuis peu d'années à l'île de Ré et au bassin d'Arcachon, sur les côtes de France.

Au fond du golfe de Baïa, entre le rivage et les ruines de la ville de Cumes, on voit encore, dans l'intérieur des terres, les restes de deux anciens lacs, le Lucrin et l'Averne, communiquant jadis ensemble par un étroit canal, dont l'un, le Lucrin, donnait accès aux flots de la mer, à travers l'ouverture d'une digue sur laquelle passait la voie Herculéenne. Une forêt de splendides villas vint s'établir autour de ces lacs, et Rome entière se donna rendez-vous dans ce lieu de délices, où l'attiraient un ciel si doux et une mer d'azur. Les sources chaudes sulfureuses, alumineuses, salines, nitreuses, qui coulaient du sommet de ces montagnes, devinrent le prétexte de ces émigrations des patriciens que l'ennui chassait de leurs demeures.

L'industrie épuisa ses ressources pour accumuler autour d'eux toutes les jouissances que recherchait leur mollesse, et Sergius Orata, homme riche, imagina d'organiser des parcs d'huîtres et de mettre ce mollusque en renom. Il fit venir ses huîtres de Brindes, et persuada à tout le monde que celles qu'il élevait dans le Lucrin y contractaient une saveur qui les rendait plus estimables que celles de l'Averne.

Son opinion prévalut avec une telle rapidité que, pour satisfaire à la consommation, il finit par occuper presque tout le pourtour du lac Lucrin de constructions destinées à loger ses huîtres. On lui intenta un procès pour s'être emparé du domaine public. Au moment où lui arriva cette mésaventure, et pour exprimer le degré de perfection où il avait amené cette industrie, on disait de lui, par allusion aux bains suspendus dont il fut aussi l'inventeur, que si on l'empêchait d'élever des huîtres dans le lac Lucrin, il saurait bien en faire pousser sur les toits. Sergius, en effet, ne s'était pas borné à organiser des parcs d'huîtres, il avait créé une nouvelle industrie dont les pratiques sont encore appliquées à quelques milles du lieu où il l'avait exercée. C'est en effet ce que nous verrons un peu plus loin.

Entre le lac Lucrin, les ruines de Cumes et le cap Misène, se trouve un autre étang salé d'une lieue de circonférence environ, d'un à deux mètres de profondeur dans sa plus grande étendue, au fond boueux, volcanique, noirâtre, l'Achéron de Virgile enfin, qui porte aujourd'hui le nom de Fusaro. Dans son pourtour on voit, de distance en distance, des espaces ordinairement circulaires, occupés par des pierres qu'on y a transportées. Ces pierres simulent des espèces de rochers que l'on a recouverts d'huîtres de Tarente, de manière à transformer chacun d'eux en un banc artificiel.

Autour de chacun de ces rochers factices on a planté des pieux, de façon à circonvenir l'espace au centre duquel se trouvent les huîtres. D'autres pieux sont aussi distribués par longues files et reliés par une corde à laquelle on suspend des fagots de menus bois destinés à multiplier les pièces mobiles qui attendent la récolte.

A la saison du frai qui a lieu ordinairement de juin à la fin de septembre, les huîtres effectuent leur ponte; mais elles n'abandonnent pas leurs œufs, comme le font un grand nombre d'animaux marins. Elles les gardent en incubation dans les plis de leur manteau entre les lames branchiales. Ils y restent plongés dans une matière muqueuse nécessaire à leur évolution, matière au sein de laquelle s'achève leur développement embryonnaire.

Ainsi liée, la masse qui forme ces œufs ressemble par sa consistance et sa couleur à de la crème épaissie; aussi nomme-t-on, par analogie, huîtres laiteuses celles dont le manteau renferme du frai. Mais la teinte blanchâtre si caractéristique des œufs fraîchement pondus, prend peu à peu, à mesure que l'évolution se poursuit, une nuance d'un jaune clair, puis d'un jaune plus obscur, et finit par dégénérer en gris brun ou en gris violet très-prononcé. La masse totale offre alors l'aspect d'une boue compacte, ce qui annonce que le développement touche à son terme, et que les embryons seront prochainement expulsés.

Bientôt la mère rejette les jeunes éclos dans son sein. Ceux-ci en sortent munis d'un appareil de natation qui leur permet de se répandre au loin et d'aller à la recherche d'un corps solide où ils puissent s'attacher. Cet appareil, découvert par M. le docteur Davaine, est formé par une sorte de bourrelet cilié, pourvu de muscles puissants, à l'aide desquels l'animal peut, à volonté, le faire sortir hors des valves ou l'y faire rentrer. Lorsque la jeune huître est parvenue à se fixer, ce bourrelet tombe, ou s'atrophie, et disparaît peu à peu.

Le nombre des jeunes expulsés du manteau d'une seule mère ne s'élève pas à moins de un à deux millions, en sorte que, à l'époque où tous les individus composant un banc laissent échapper leur progéniture, cette poussière vivante s'en exhale comme un épais nuage, ne laissant sur la souche qu'une imperceptible partie de ce qu'elle a produit. Tout le reste s'égare, et si ces animalcules qui errent par myriades au gré des flots ne rencontrent pas de corps solides où ils puissent se fixer, leur perte est certaine ; ils deviennent alors ou la proie des animaux inférieurs, ou ils sont souvent engloutis dans la vase.

Afin d'éviter ces pertes immenses, on se sert au lac Fusaro de pieux et de fagots entourant les bancs artificiels, et qui n'ont d'autre but que d'arrêter au passage cette poussière propagatrice, en lui présentant des surfaces où elle puisse s'attacher.

Elle s'y fixe, en effet, et y grandit assez rapidement pour

qu'au bout de 2 ou 3 ans chacun des corpuscules vivants dont elle se compose devienne comestible.

Lorsque la saison des pêches est venue, on retire les pieux et les fagots dont on enlève successivement toutes les huîtres réputées marchandes, et, après avoir cueilli les fruits de ces grappes artificielles, on remet l'appareil en place, pour attendre qu'une nouvelle génération amène une seconde récolte.

Le produit de la pêche, renfermé et entassé dans des paniers en osier de forme sphérique, est déposé, en attendant la vente, dans une réserve ou parc établi dans le lac même, construit avec des pilotis qui supportent un plancher à claire-voie, et armé de crochets auxquels on suspend les paniers.

Cette curieuse industrie donne à la liste civile, malgré son application restreinte, 32,000 fr. de revenu; mais d'après M. Coste, elle serait bien plus lucrative, si des mains désintéressées du prince elle passait dans celles de la spéculation. Importée dans les étangs salés de notre littoral, l'industrie de Fusaro serait, d'après le savant professeur du Collége de France, une véritable richesse pour nos populations, et elle prendrait alors les proportions d'une entreprise d'une utilité générale.

SECONDE PARTIE.

Voyage sur les côtes de France. — Marennes et la baie de l'Aiguillon.

INDUSTRIE DE MARENNES.

HUITRES VERTES.

Les réservoirs où les éleveurs de l'arrondissement de arennes déposent les huîtres pour les faire verdir, portent nom de *claires*. Ces réservoirs sont établis sur les deux ives de l'anse de la Seudre, et forment un immense domaine à s'exerce une curieuse et lucrative industrie.

Ces claires diffèrent des viviers et des parcs ordinaires, en e qu'elles ne sont pas submergées, comme ces derniers, à haque marée, mais seulement aux époques des syzygies, car ne submersion trop souvent répétée serait un obstacle au ut qu'on se propose. Elles ne sont point situées sur les ords immédiats du rivage, ainsi que par erreur certains uteurs l'ont supposé.

Les claires sont des espaces qui n'ont aucune régularité ni uniformité dans leurs dimensions. Elles ont de 250 à 500 mètres carrés de superficie, et sont bordées d'une levée en terre appelée *chantier*, haute et épaisse d'un mètre environ, et formant une digue sur laquelle les amareilleurs circulent pour exercer la surveillance, ou pour se livrer aux manœuvres de l'exploitation. Une écluse permet de régler à volonté l'entrée et la sortie de l'eau de la mer, de la maintenir au niveau qui convient aux besoins de l'industrie, et de l'écouler entièrement quand il faut nettoyer le réservoir, pour y parer le fond et y mettre les huîtres à verdir.

Lorsque, les travaux de construction sont terminés, on profite de la première maline pour remplir le réservoir, et, lorsque les flots se retirent, on ferme l'écluse pour retenir les eaux captives. Le séjour prolongé de ces eaux dans l'appareil pénètre la terre d'un dépôt salé qui lui donne des qualités analogues à celles des fonds marins, puis, lorsqu'on juge que ce fond doit être mis en exploitation, on vide la claire, afin de laisser, selon l'expression des amareilleurs, parer le sol.

Cette préparation n'a lieu qu'en mars, avril et juin. Elle consiste à sécher la claire, afin de l'aplanir comme une allée de jardin; tous les corps étrangers en sont enlevés avec le plus grand soin, pour que rien ne devienne un obstacle au libre développement et à l'acclimatation du mollusque comestible qu'on veut y élever.

Au bout de deux ou trois mois, le sol est paré, c'est-à-dire qu'il a pris toute la consistance nécessaire pour que les huîtres ne s'y enfoncent pas. On avise donc alors au moyen d'en peupler la surface, et nous allons voir d'abord quelle est la source où l'on puise le coquillage que l'on sème sur ces champs d'exploitation, nous dirons ensuite comment on procède à son arrangement.

Vers le mois de septembre de chaque année, lorsque la saison du frai est passée, et que l'ouverture de la pêche donne à chacun le droit de faire sa provision d'huîtres sur les bancs de la contrée, toute la population de l'arrondissement de Marennes s'y porte; hommes, femmes, enfants rivalisent d'activité pour prendre part à la récolte; on les voit, à mer basse, accourir vers les gisements qui découvrent, en détacher les huîtres que les règlements n'interdisent pas d'en extraire, et les mettre ensuite en magasin dans des viviers spéciaux, où ils les conservent jusqu'au moment de la vente ou jusqu'à celui de leur distribution dans les claires.

A mer haute, les bancs profonds sont incessamment fouillés par des embarcations qui en détachent les huîtres au moyen de la drague; mais ce genre d'industrie exigeant un matériel dispendieux, il n'y a qu'un certain nombre de personnes qui puissent s'y livrer.

A mesure qu'on retire les huîtres de la mer, on les emmagasine dans des viviers d'entrepôt placés sur le bord du rivage, et différant des claires en ce qu'ils sont recouverts à chaque marée. Là ces huîtres vivent comme sur les bancs naturels, s'y conservent blanches et continuent à y grandir. Mais les bancs naturels du voisinage ne suffisant pas aux besoins de cette industrie, un tiers environ des élèves qu'on introduit dans ces réservoirs vient des côtes de la Bretagne, de la Normandie ou de la Vendée. Ces huîtres étrangères n'acquièrent jamais l'excellent goût de celles qui sont prises dans la localité, et il ne suffit pas pour que ces mollusques acquièrent le goût exquis, la saveur particulière qui les distingue, il ne suffit pas, disons-nous, qu'ils contractent la viridité, il faut que ces qualités leur soient imprimées pendant le jeune âge, par l'influence continue de l'éducation dans les claires; c'est là en effet la seule garantie de leur valeur réelle.

Aussi les éleveurs de Marennes n'admettent-ils que de jeunes huîtres dans leurs réservoirs, et choisissent-ils parmi celles de leurs viviers d'entrepôt les plus jeunes, c'est-à-dire celles de douze à dix-huit mois, qui ont alors de cinq à sept centimètres de largeur. Les amareilleurs en opèrent le triage, et quand ce triage est terminé, on les répand avec des pelles sur le fond des claires préparées pour les recevoir, en ayant soin de les espacer ensuite à la main, de manière qu'en grandissant elles n'empiètent pas les unes sur les autres. Une fois installées, les huîtres prospèrent sous une nappe d'eau que l'on maintient à une hauteur permanente de dix-huit à trente centimètres, et qui ne se renouvelle qu'aux grandes malines. Pour avoir négligé de prendre les précautions dont nous venons de parler, les froids des premiers jours de janvier 1820 devinrent si subitement intenses, que l'eau des claires et les huîtres elles-mêmes, que ne protégeait pas une suffisante épaisseur de liquide, furent congelées sans qu'il fût possible de rémedier à ce désastre. La récolte entière périt en un jour.

Nous arrivons maintenant à un point très-intéressant de l'industrie huîtrière de Marennes; nous voulons parler de la coloration verte que présentent les mollusques élevés dans les claires.

Les huîtres de Marennes ne verdissent pas en été, soit parce que, pendant cette saison, les claires perdent la propriété de leur transmettre la couleur verte, soit parce que ces huîtres, devenues laiteuses, sont alors réfractaires à cette influence. Celles qui en avaient antérieurement éprouvé les effets pâlissent peu à peu, à mesure que la fonction de l'ovaire s'exerce, et finissent, quand vient l'époque du frai, par perdre entièrement leur teinte; d'un autre côté, celles qu'on dépose blanches, à cette époque de l'année, restent blanches. Ce n'est qu'à partir du mois d'août que la coloration reparaît, et cela immédiatement après la ponte.

Cette coloration n'est pas générale; elle se montre particulièrement sur l'appareil respiratoire, c'est-à-dire sur les quatre feuillets branchiaux. La face interne de la première paire de palpes labiaux, la face externe de la seconde et le canal intestinal dans la portion qui entoure extérieurement le grand muscle d'attache, en offrent aussi des traces visibles. Aucun autre organe n'en est affecté. Le foie présente, il est vrai, une teinte verdâtre plus ou moins intense, mais cette teinte n'est nullement semblable à celle des branchies et des palpes labiaux.

La matière verte qui envahit ainsi le parenchyme des appareils, qu'elle affecte de préférence, se fixe sur le contenu des cellules qui forment les tissus de ces appareils, à peu près comme cela a lieu pour la substance qui colore en jaune le *vitellus* de l'œuf des oiseaux ou le *corpus luteum* de l'ovaire des mammifères. L'analyse chimique porte à croire que cette matière serait distincte de toutes les substances vertes animales ou végétales étudiées jusqu'à ce jour, car les mêmes réactifs ne l'influencent pas d'une manière identique.

Voici du reste les résultats d'expériences faites à la prière de M. Coste par M. Berthelot, auquel on doit de si beaux travaux en chimie organique. Ce savant praticien a soumis les branchies des huîtres de Marennes à différentes réactions, et il a trouvé que :

1º L'eau est devenue visqueuse sans se colorer ni diminuer la coloration des branchies;

2º L'action de l'éther sur la matière colorante a été également nulle;

3º L'acide acétique cristallisable a dissous des traces d'une substance jaune et dénuée d'action sur le cyanure ferroso potassique, pendant qu'il a augmenté considérablement la coloration des branchies;

4º La solution aqueuse de potasse caustique a atténué la coloration exaltée par l'acide acétique, mais sans la faire disparaître. Pour cette série de traitements, les branchies ont perdu en partie la coloration qu'elles présentaient, et se sont désagrégées en flocons visqueux au sein desquels s'est concentrée la matière colorante;

5º La matière verte traitée par l'acide sulfureux en dissolution ne s'est pas décolorée; au contraire, elle s'est foncée comme par l'acide acétique;

6º L'eau chlorée l'a entièrement décolorée;

7º Enfin chauffée au rouge et incinérée, puis traitée par une goutte d'acide chlorhydrique dilué, elle a précipité en bleu par la solution de cyanure ferroso potassique, ce qui indique la présence d'une proportion sensible de fer dans les tissus incinérés.

On pourrait avec assez de vraisemblance regarder ce fer comme l'un des éléments essentiels de la matière colorante, bien que cette matière n'ait pu être isolée.

En résumé, la matière colorante des huîtres de Marennes ne ressemble ni à celle du sang, ni à celle de la bile, ni à la plupart des matières colorantes végétales ou animales. La matière colorante du sang contient, il est vrai, du fer, mais les propriétés de cette matière, aussi bien que sa couleur, sont fort différentes.

Les auteurs ne sont pas d'accord sur l'origine de ce principe colorant. Les uns prétendent que c'est le sol lui-même qui le contient; d'autres que c'est un animalcule (*vibrio ostrearius*), ou certaines algues qui le donnent; d'autres enfin l'attribuent à une sorte d'ictère ou à une maladie du foie, dont la sécrétion surabondante teindrait en vert le parenchyme de l'appareil respiratoire des animaux influencés par le régime auquel on les soumet dans les claires.

De ces trois opinions, celle qui attribue à la nature du sol le pouvoir de verdir semblerait la plus conforme au véritable état des choses. C'est du moins ce que tendent à établir : d'une part, l'analyse comparative des terres prises dans les claires qui verdissent et dans celles qui n'ont pas cette propriété; de l'autre, les expériences de la commission de pisciculture de la Rochelle. Ces expériences prouvent que les marnes bleu-verdâtres ont comme le territoire de Marennes, et au même degré, la propriété de colorer les huîtres; en sorte que, d'après les résultats que cette commission a obtenus dans les bassins artificiels où elle poursuit ses essais, on serait en droit de conclure que partout où l'on pourra organiser sur nos côtes des réservoirs argileux semblables à ceux dont nous avons parlé, on réussira à créer la même industrie que sur le littoral de l'anse de la Scudre.

Cette industrie, étendue à des contrées plus nombreuses que celles où elle s'est exercée jusqu'ici, simplifiée et enrichie par l'introduction des pratiques du Fusaro, deviendrait facilement la source d'un commerce bien autrement considérable et bien autrement lucratif. Il nous suffira, pour prouver tout ce que l'on peut attendre d'une exploitation bien entendue, de citer l'exemple suivant qui démontre tout le partique l'on pourrait tirer en employant au sein même des claires et à l'époque de la reproduction, les appareils collecteurs les plus avantageux.

En 1820, un saunier de Marennes ayant parqué six mille huîtres dans une de ses claires, un froid intense les fit toutes périr, à l'exception d'une douzaine qui survécurent à ce désastre. Mais quand on vida le réservoir pour le nettoyer, au lieu d'en trouver le sol à peu près désert, ce ne fut pas sans une agréable surprise que l'on découvrit sur les écailles de toutes les huîtres mortes de jeunes huîtres déjà grandes qui repeuplaient tout l'établissement. Il avait suffi de la présence de ces écailles pour déterminer la génération nouvelle à s'y fixer et à y prospérer. L'industrie n'aurait donc qu'à imiter l'exemple que la nature lui offrit en cette curieuse circonstance, et il ne lui serait plus nécessaire d'emprunter à des contrées plus ou moins lointaines le renouvelain qu'elle est obligée maintenant de se procurer à grands frais.

Dans l'état actuel des choses, les claires de Marennes fournissent annuellement à la consommation 50 millions d'huîtres, dont le prix varie de 1 fr. 50 à 6 fr. le cent, ce qui, en prenant une moyenne de 3 fr., représente le chiffre énorme de 1,500,000 francs. On les expédie dans toutes les villes du Midi de la France, depuis Bordeaux jusqu'à Marseille, et depuis Marseille jusque dans les Etats rômains et en Algérie. Celles que l'on destine à ces deux dernières contrées sont déposées dans les parcs de Marseille où on les laisse reposer quelques jours avant de les faire voyager de nouveau. Paris en consomme une très-petite quantité; on y préfère en gé-

néral, comme dans la plupart des villes situées plus au Nord,
les huîtres blanches de la Normandie, qui en fournit en si
grande quantité.

INDUSTRIE DE LA BAIE DE L'AIGUILLON.

BOUCHOTS.

Dans l'anse de l'Aiguillon, à quelques kilomètres de la Rochelle, sur l'immense et stérile vasière qui forme le fond de cette baie fangeuse, où la population du littoral n'avait trouvé jusque-là aucune ressource, un pauvre irlandais, que la tempête jeta sur ce rivage, créa, il y a plus de six siècles, une industrie dont le produit fait vivre aujourd'hui dans l'aisance au-delà de trois mille personnes. Ce fut vers la fin de 1235 qu'arriva l'événement dont nous allons parler.

Une barque chargée de moutons et montée par trois hommes vint, chassée des côtes d'Irlande par un violent coup de vent de N.-O., se briser contre les rochers de la pointe de l'Escale, à une demi-lieue du port d'Esnandes. Sans les pêcheurs du littoral, équipage et marchandises auraient été inévitablement ensevelis dans les flots. Mais, malgré tous leurs efforts, ils ne réussirent à sauver qu'un seul homme; cet homme, le patron du bateau naufragé, se nommait Walton, et devint le fondateur du premier *bouchot*, mot fait par contraction de *boutchoat*, mélange de celte et d'irlandais, et signifiant *clôture en bois*.

Exilé désormais sur cette plage, où il ne lui restait pour

toute fortune que quelques moutons échappés au naufrage et dont la race, croisée plus tard avec celle du pays, a formé cette belle variété connue dans la Vendée sous le nom de moutons de marais, Walton appliqua son génie à se créer par son travail des moyens d'existence. Il résolut de parcourir en tout sens le reste du lac de boue qu'il avait sous les yeux et de voir s'il n'offrirait pas quelques ressources à son industrie; mais il était obligé pour cela de marcher à mer basse sur cette boue fluide qui se dérobait partout sous ses pas. En présence de cette sérieuse difficulté, l'idée lui vint de construire une pirogue de la plus ingénieuse simplicité, à l'aide de laquelle, sans autre impulsion que celle du pied, il glissa sur la vasière avec la rapidité d'un cheval au trot. Les oiseaux de mer et de rivage qui rasent la surface de l'eau pendant l'obscurité lui parurent s'y rencontrer en assez grand nombre, pour y devenir l'objet d'un commerce lucratif, si l'on réussissait à leur tendre des piéges convenablement organisés. Il appliqua à cet usage une espèce particulière de filet, importée par lui, et désignée sous le nom de *filet d'allouret* ou *filet de nuit.*

Walton n'eut pas longtemps à exercer cette industrie sans s'apercevoir que la progéniture des moules de la côte venait s'attacher à la portion submergée des piquets qui soutenaient son allouret, et sans se convaincre que ces moules ainsi suspendues à une certaine hauteur au-dessus de la vase y prenaient une plus grande taille, un meilleur goût que celles qui venaient à l'état sauvage ou qui étaient ensevelies sous le limon. Cette découverte fut pour lui une véritable révélation. Il multiplia les points d'attache en plantant de nouveaux piquets, et, comme les premiers, ceux-ci se chargèrent de jeunes moules qui augmentèrent sa récolte, en proportion du nombre de supports qu'il offrit à ces colonies naissantes. Aussi à partir de ce moment ce fut à cette œuvre importante qu'il consacra désormais tous ses efforts.

Ce fut en 1246, dix années après son naufrage, que Walton procéda à la construction de ses appareils. Les piquets isolés dont il s'était jusque-là servi ayant été, à diverses reprises, arrachés par la tempête, la nécessité le contraignit d'avoir recours à des appareils plus complexes, plus solidement établis, et qui en même temps offrissent de vastes surfaces pour recevoir le naissain, et peu de prise à l'action de la lame. En conséquence, il dessina au niveau des basses marées un double V dont le sommet légèrement entrebaillé était tourné vers la mer, et dont les côtés, prolongés d'environ 200 mètres vers le rivage, s'écartaient de manière à ouvrir un angle d'à peu près 45 degrés. Le long de chacun des côtés de cet angle il planta, à la distance de 2 ou 3 pieds les uns des autres, de forts pieux de 10 à 12 pieds de hauteur, qu'il enfonça à moitié dans la vase, dont il clayonna les intervalles avec des fascines ou branchages, afin d'en former de solides palissades capables de résister à l'effort des flots. Au sommet de l'angle représenté par ces longues ailes, il laissa entre les panneaux un écartement de 3 ou 4 pieds, pour y adapter des engins destinés à recevoir les poissons qui, à mer descendante, suivraient la voie bordée par cette double haie, se ménageant par cette heureuse combinaison une double ressource, car son établissement était à la fois une moulière artificielle et une pêcherie. Aussi voit-on encore, de nos jours, les boucholeurs, fidèles à toutes les pratiques dont Walton leur a laissé l'exemple, partir dans leurs acons, avant que la mer ne découvre, s'arrêter derrière le sommet entr'ouvert de chaque appareil muni d'un filet dit *avenau*, s'y livrer à pêche jusqu'à ce que leur nacelle reste à sec, et la ramener au port en glissant sur la vase.

C'est un bien curieux spectacle que celui d'assister au retour de cette flotte singulière, de voir les 160 pirogues qui la composent débouchant çà et là par toutes les issues de la forêt de palissades où elles disparaissent pendant le travail, rasant le sol comme une volée d'oiseaux que le flot chasse devant lui. Ces acons, ou pousse-pieds, sont de simples caisses en bois, longues de neuf pieds, larges et profondes de dix-huit pouces, dont l'extrémité antérieure est recourbée en forme de proue. Le boucholeur se place à l'arrière, appuie son genou sur le fond, se penche en avant, saisit les deux bords avec ses mains, laisse en dehors, afin de pouvoir s'en servir en guise de rame, sa jambe gauche, chaussée d'une longue botte. Puis, quand il a pris ainsi son équilibre, il plonge sa jambe libre dans la vase, la retire, la replonge encore et, par cette manœuvre répétée, il pousse sa machine légère et la conduit partout où sa présence est nécessaire, sans que, même pendant les nuits les plus obscures, il confonde sa propriété avec celle de ses voisins, malgré tous les détours de l'immense labyrinthe que forment sur la vasière les six mille palissades qui la recouvrent.

Tel est l'ingénieux et bien simple appareil qu'imagina Walton pour explorer à mer basse la baie de l'Aiguillon. Aussi cet appareil est-il encore aujourd'hui l'instrument le plus utile de l'industrie.

Il y a une époque de l'année où la manœuvre des pirogues deviendrait très-difficile, si un petit crustacé, le *corophium longicornis*, pour donner la chasse aux vers marins dont il se nourrit, ne venait, en les fouillant, aplanir les sillons profonds, les inégalités temporaires que les vases amoncelées et durcies par les rayons du soleil opposent à la marche des boucholeurs.

Par l'établissement de son premier appareil, Walton obtint tous les succès qu'il avait espérés. Il planta un assez grand nombre de pieux sans fascines du côté de la mer, leur fit ensuite des emprunts pour remplir les vides du clayonnage, que le frai de l'année n'avait point occupés; et dès le printemps suivant, les belles moules qu'il éleva dans ces parcs artificiels, eurent la préférence sur tous les marchés. Ses voisins imitèrent son exemple avec un tel empressement, que bientôt toute la vasière fut couverte de bouchots, et qu'actuellement une forêt de 230,000 pieux environ y est employée à soutenir les 125,000 fascines qui plient tous les ans sous une récolte qu'une escadre de vaisseaux de ligne ne pourrait suffire à renfermer dans ses flancs.

Ces pieux sont des troncs d'arbres de 12 pieds de haut, qu'on enfonce dans la vase jusqu'à moitié de leur longueur. Plantés à 40 ou 50 centimètres les uns des autres, ils sont échelonnés conformément au plan de Walton, par double file de 200 à 250 mètres d'étendue, chaque paire formant l'image d'un V dont la pointe regarde la mer. La partie libre de ces pieux qui s'élève au-dessus de la vasière est entrelacée d'un clayonnage; ce clayonnage ne descend pas tout à fait jusqu'au sol; il s'arrête à quelques centimètres de son niveau, afin que l'eau puisse librement passer entre les deux, soit lorsque le flot revient, soit lorsqu'il se retire.

Les palissades assemblées par groupe en forme de V sont au nombre de mille, et constituent 500 bouchots. Chaque bouchot représentant en moyenne une longueur de 450 mètres, l'ensemble forme donc un clayonnage de 225,000 mètres de longueur sur six pieds de hauteur, et couvre dans la baie de l'Aiguillon une étendue de 8 kilomètres. Chaque boucholeur possède plusieurs bouchots. Quelques-uns, les plus pauvres, n'ont pour tout patrimoine que la moitié, le tiers, le quart d'un de ces établissements qu'ils exploitent en commun avec leurs associés, et dont ils partagent les charges et les bénéfices.

Tous ces appareils sont échelonnés sur quatre étages, plus ou moins rapprochés du rivage. L'industrie les désigne sous les noms de *bouchots du bas* ou *d'aval*, *bouchots bâtards*, *bouchots milloués*, *bouchots d'amont*.

Les bouchots du bas ou d'aval sont les plus éloignés du rivage, et ne découvrent qu'aux grandes marées des syzygies. Ils ne sont formés que de simples pieux espacés d'un tiers de mètre environ. Ces pieux isolés se trouvent dans la zône la plus favorable à la conservation du naissain des moules qui vient s'y attacher. Aussi est-ce sur ces points d'appui spéciaux qu'on laisse s'accumuler toute la semence destinée à peupler ensuite par voie de transplantation et de repiquage les palissades vides ou peu garnies des étages que la mer découvre le plus souvent.

Vers le mois d'avril, cette semence fixée, en février et mars, aux pieux isolés des bouchots d'aval, égale à peine le volume d'une graine de lin et prend le nom de *naissain* ; elle a en mai la grosseur d'une lentille, en juillet celle d'un haricot, et s'appelle alors *renouvelain* ; c'est le moment de sa transplantation.

Aussi lorsque le mois de juillet arrive, voit-on les boucho-leurs pousser leurs acons vers les points de la vasière où sont plantés les pieux chargés de renouvelain. Ils en détachent, à l'aide d'un crochet, le nombre de plaques qu'à mer basse ils auront le temps de transplanter, dirigent ensuite leurs pirogues vers les bouchots bâtards, et s'y arrêtent pour commencer la bâtisse.

Là, chaque paquet est par eux renfermé à part dans une bourse de vieux filet ; les grappes sont logées l'une après l'autre entre les branchages, où tous les individus liés ensemble par leur byssus, forment des familles distinctes que l'on a toujours le soin d'assez espacer pour que l'accroissement d'une peuplade ne gêne pas celui de ses voisines. Le filet qui entoure ces grappes de semences et les assujettit, se pourrit bientôt, et rien alors ne s'oppose au libre développement de chaque individu. Les jeunes moules grandissent en effet, et finissent par se toucher, en sorte que ces immenses palissades ressemblent de loin à des pans de murs noircis par l'incendie.

C'est ordinairement après dix mois ou un an de séjour sur ces bancs artificiels que les moules deviennent marchandes, et, bien qu'elles se développent à côté les unes des autres sur le même clayonnage, elles n'ont pas toutes les mêmes qualités. Celles qui habitent les rangs supérieurs sont d'un meilleur goût que celles des rangs intermédiaires, et celles-ci plus estimées que celles des rangs inférieurs, car ces dernières, plus rapprochées de la vase, en sont souillées, chaque fois que le mouvement des flots soulève le fond. Cependant, malgré cette différence, les élèves les moins estimés des bouchots sont encore assez améliorés par les soins de l'industrie pour être de beaucoup préférables aux plus belles moules que l'on récolte en mer.

Ce mollusque, par l'abondance des récoltes et la modicité de son prix, se vend toute l'année, mais c'est principalement de juillet en janvier qu'ont lieu les transactions importantes, car, de février en avril, les moules sont laiteuses et perdent, comme les huîtres au temps du frai, les qualités qu'elles avaient auparavant. La plus grande consommation de ce mollusque se fait à la Rochelle, Surgères, Angoulême, Niort, Poitiers, Tours, Angers, Saumur, etc., où 140 chevaux et 90 charrettes font plus de 33,000 voyages par an.

Un bouchot bien peuplé fournit ordinairement, suivant la longueur de ses ailes, de 4 à 500 charges de moules, c'est-à-dire une charge par mètre. La charge est de 150 kilogrammes et se vend 5 francs. Un seul bouchot porte donc une récolte d'un poids de 60 à 75,000 kilogrammes et d'une valeur de 2,000 à 2,500 francs, d'où il suit que la récolte de tous les bouchots réunis s'élève au poids de 30 à 37 millions de kilogrammes qui, sur le marché, donnent un revenu brut d'un million à douze cent mille francs. Tel est l'admirable résultat que la précieuse invention de Walton a produit au milieu de cette immense vasière de la baie de l'Aiguillon, où la richesse a succédé à la misère, car depuis que cette industrie y a pris un certain développement, on n'y rencontre plus d'homme valide qui soit pauvre, et ceux que leurs infirmités condamnent au repos y sont secourus par la généreuse bienfaisance des autres.

APERÇU GÉNÉRAL SUR LA PISCICULTURE ARTIFICIELLE.

Nous allons maintenant, en terminant ce que nous avions à dire du beau travail de M. Coste, donner quelques détails sur la pisciculture artificielle, ce qui nous permettra de signaler ensuite certains faits d'histoire naturelle observés en Ecosse, et relatifs aux habitudes du saumon.

La pisciculture, on le sait, est l'art de peupler les eaux, de multiplier, de perfectionner, d'acclimater les poissons qui servent de nourriture à l'homme.

Les procédés artificiels à l'aide desquels elle atteint ce but, ne sont applicables que pour les truites et les espèces de cette famille. Les eaux au sein desquelles doit s'opérer le phénomène de la fécondation ne conviennent pas indifféremment à toutes les espèces; la qualité, la température des eaux et la nature des fonds doivent toujours être attentivement examinées.

Les époques de la reproduction sont également nécessaires à connaître, et, bien que ces époques varient selon les climats, on peut cependant les fixer, d'une manière générale, d'octobre en janvier pour les truites et les saumons, en février et mars pour le brochet, en avril et mai pour le barbeau et la brème, et de juin à la fin d'août pour les carpes, la tanche et le goujon.

Quelle que soit l'espèce, on ne peut opérer avec succès, si du côté du mâle comme de celui de la femelle les produits de la génération ne sont pas mûrs et sains. Tant que les œufs sont enfermés dans le tissu de l'ovaire, et forment dans l'abdomen deux énormes masses, toute tentative pour provoquer la ponte serait infructueuse, et leur expulsion ne peut avoir lieu que lorsqu'ils sont libres dans la cavité du ventre.

Comme indice de maturation, le pourtour de l'anus devient rouge, gonflé, et proémine en forme de bourrelet; alors le plus léger effort, souvent même la simple suspension de l'animal, suffit pour provoquer la ponte.

Les produits sains et altérés, au point de vue de la maturation, ne peuvent être distingués les uns des autres qu'après qu'on en a reçu quelques-uns dans un vase contenant de l'eau.

Les œufs sains sont plutôt transparents qu'opaques et ont un léger enduit visqueux qui ne blanchit pas au contact de l'eau. Les œufs altérés, au contraire, sont bouchés et opaques; d'autres fois, la mucosité qui les enveloppe est sanieuse, blanchit et trouble l'eau du récipient. Aussi serait-ce peine perdue que de tenter la fécondation avec des œufs semblables.

Chez le mâle, l'aptitude à la reproduction s'annonce par les mêmes signes extérieurs; seulement le bourrelet anal est moins proéminent et le ventre moins distendu que chez la femelle. Si la semence est mûre, elle s'écoule sous l'influence de légers frottements, le long des flancs, et elle se trouve dans de bonnes conditions, si elle a la couleur, la consistance et la fluidité de la crème.

Pour accomplir avec succès et rapidement la fécondation artificielle, il faut avoir égard à la taille des poissons, et préalablement placer dans deux baquets pleins d'eau, d'un côté les mâles, de l'autre les femelles. Une fois toutes ces précautions prises, et quand on a rempli à moitié ou au tiers d'une eau pure et limpide un vase à fond large et plat, voici, pour les saumons ou les truites, comment on procède à leur fécondation.

On s'assure d'abord d'une femelle, on la saisit des deux mains et, dès qu'on en est maître, on l'approche du récipient et on la délivre en lui pressant légèrement les flancs entre le pouce et les autres doigts de la main droite jusqu'à expulsion complète des œufs, ce qui quelquefois cependant n'a pas lieu, car de violentes contractions de l'animal arrêtent les œufs au passage, et ce n'est que lorsque cet état spasmodique a cessé, que la ponte peut alors être provoquée.

Après cette opération, on saisit immédiatement un mâle dont on extrait par le même procédé quelques gouttes de laitance que l'on répand uniformément dans le récipient, en imprimant une légère agitation à l'eau et aux œufs. Au bout d'une minute environ de repos, l'imprégnation est suffisante, et les œufs sont alors lavés à plusieurs reprises. Si leur incubation doit se produire non loin du lieu où les opérations se sont accomplies, on les y porte sans retard; si, au contraire, la distance est de plusieurs heures, on les met à sec par couches superposées dans une boîte en bois criblée de trous, entre de la mousse et des herbes légèrement humides.

Une femelle de truite ou de saumon produisant ordinairement mille œufs par livre, il n'est pas rare de rencontrer chez ces espèces des sujets de forte taille qui en fournissent de 10 à 20,000.

Pour des espèces, telles que la carpe, la perche, le goujon, dont les œufs s'attachent aux corps étrangers sur lesquels ils tombent, il faut opérer dans des conditions un peu différentes, et récolter les œufs fécondés sur des frayères naturelles ou artificielles.

Quel que soit le procédé à l'aide duquel on s'est procuré des œufs, que ceux-ci soient libres ou adhérents, il faut les mettre à l'abri des causes de destruction qui, dans la nature, en font périr plus des deux tiers. Aussi l'expérience a-t-elle fait généralement adopter, pour l'incubation des salmonidés, l'appareil du Collége de France. Cet appareil se compose d'augettes en terre vernie de 50 centimètres de longueur sur 15 de largeur et 10 de profondeur, dans lesquelles s'adapte une claie destinée à recevoir les œufs, et dont les barreaux sont formés par des baguettes de verre. Cet appareil peut, selon le besoin, être réduit à une seule rigole alimentée par l'eau d'une fontaine, d'un tonneau ou de tout autre réservoir, ou bien on peut disposer ces rigoles par séries parallèles sur des échafaudages en forme de marchepied, et l'on entretient dans ces appareils un courant d'eau suffisant pour le développement régulier des œufs.

La température la plus convenable pour l'incubation des œufs des salmonidés est celle qui se maintient entre 6 et 10 degrés au-dessus de zéro.

Dans aucun cas les œufs ne doivent être abandonnés au hasard en pleine rivière ou dans un lac. Les soins qu'ils réclament consistent à entretenir autour d'eux la propreté, à les débarrasser avec un pinceau des sédiments déposés par les eaux, à ne pas les laisser entassés, et à retirer soigneusement, au moins tous les deux jours, à l'aide d'une pince, les œufs frappés de mort qui deviennent le siége d'une végétation parasite.

Les œufs, après leur expulsion et une incubation de quelques heures, subissent des modifications qui se manifestent aussi bien sur ceux qui ont reçu l'influence du fluide seminal que sur ceux qui ne l'ont pas éprouvée; tous deviennent plus transparents. Au bout d'une heure ou deux, chez les poissons d'été, on voit apparaître une petite tache circulaire blanchâtre, tandis qu'il en faut huit à dix pour que ce phénomène se manifeste chez les salmonidés. Si l'œuf est infécond, le germe reste immobile; si au contraire l'œuf est imprégné, il éprouve des changements profonds, et en effet ce germe alors s'affaisse, diminue d'épaisseur, grandit et se transforme en membrane. En même temps l'embryon se manifeste sous la forme d'une ligne blanchâtre occupant un quart de la circonférence de l'œuf.

Durant cette première période, il est de la plus haute importance de laisser les œufs dans une immobilité complète, et ce n'est que plus tard, quand les formes du jeune poisson se dessinent bien, et quand ses yeux apparaissent comme deux points noirâtres, que les mouvements et l'agitation qu'on imprime aux œufs n'ont plus le même danger.

C'est aussi cette période de développement qu'il faut choisir si les œufs sont destinés à être envoyés au loin. Ils peuvent alors supporter sans trop de perte un voyage de dix, quinze et vingt jours, renfermés dans une boîte et rangés par couches entre de la mousse et des herbes aquatiques humides, et après leur déballage les œufs remis en incubation poursuivent leur développement et ne tardent pas à éclore.

Le terme de l'évolution est très variable, selon les espèces et le degré de température du milieu ambiant. Dans les conditions ordinaires, les uns, tels que la carpe, la tanche, etc., éclosent après une semaine ou deux d'incubation; les autres, comme le brochet, vers le vingtième jour; d'autres enfin, comme les truites, les saumons, n'atteignent leur complet développement qu'au bout de deux et quelquefois trois mois.

En naissant, les jeunes ne montrent pas tous le même instinct; les poissons blancs, par exemple, se dispersent, presque aussitôt dans l'eau et se dérobent par leur vivacité et leur petitesse aux soins qu'on pourrait leur donner. Il n'en est plus de même des salmonidés. Ceux-ci, au sortir de l'œuf, portent une énorme vésicule ombilicale qui les condamne à l'immobilité, et les rend incapables de se soustraire à la voracité de leurs ennemis; il faut alors s'abstenir de les nourrir dans les appareils, par la raison que durant un mois après leur naissance les éléments renfermés dans leur énorme poche abdominale suffisent à leurs besoins. Lorsqu'ils ont perdu leur vésicule ombilicale, ou lorsque cette vésicule est complètement résorbée, leur appétit s'éveillant, on les retire alors des augettes, soit pour les mettre dans des bassins plus spacieux, soit pour les jeter en plein eau, dans des étangs, dans des rivières, etc... Au moment où ils vont perdre leur vésicule, on peut leur faire parcourir de très-grandes distances dans de simples bocaux de 2 à 3 litres, en renouvelant l'eau ou en l'aérant toutes les deux ou trois heures.

Tel est l'exposé des pratiques usuelles auxquelles la pisciculture doit des succès incontestables, et maintenant que nous avons fait connaître les différents degrés par lesquels doit passer l'œuf fécondé avant d'arriver à un état parfait, nous allons terminer le résumé des travaux remarquables du savant professeur du Collége de France, par quelques mots seulement sur les habitudes du saumon, observées en Ecosse aux différentes époques de la reproduction.

La ponte a lieu, comme partout, depuis le mois d'octobre jusqu'en décembre, et l'éclosion varie, selon la température, entre 90 et 140 jours. Deux mois après son éclosion, le jeune poisson cesse d'être regardé comme fretin, et la croissance, à partir de ce moment, est divisée en quatre périodes. Pendant la première, le petit poisson, alors âgé de deux mois à un an, s'appelle *par;* il quitte ce nom pour celui de *smolt,* et se rend alors par bandes à la mer d'où il revient sous le nom de *grilse;* c'est la troisième époque. Enfin, à trois ans seulement, il parvient à l'état de saumon; ces divisions ne sont point infaillibles, et surtout la transition du *par* à l'état de *smolt* donne lieu à de vives discussions. Quoiqu'il en soit, il est incontestable que le jeune poisson ne se rend à la mer qu'au mois d'avril de l'année qui suit celle de sa naissance, c'est-à-dire quand il a au moins un an accompli, et de 10 à 12 centimètres de long.

C'est à l'influence salubre des eaux de la mer, et surtout à l'abondante nourriture qu'elle renferme, que les saumons doivent leur rapide croissance. On s'en est assuré au moyen de marques faites à leur corps, et l'on a vu des individus dont la taille n'excédait pas 5 ou 6 pouces au moment d'un premier départ, revenir au printemps suivant, pesant 7 à 8 livres, et 13 ou 14 après une seconde émigration.

Un exemple bien frappant de la prompte croissance du saumon est certifié par le duc d'Athol, l'un des propriétaires de la rivière du Tay. Un superbe saumon lui fut expédié de la partie inférieure du fleuve. Il portait sur un anneau de gutta percha la marque n° 1. Six semaines auparavant il avait lui-même pêché et marqué ce même poisson, et note avait été prise sur un registre, du n° 1, de l'anneau et du poids du poisson ainsi marqué. Ce poids était de 10 livres lors de la première capture, et de 21 lors de la seconde. Du reste, on a pris récemment en Suède une femelle du poids de 83 livres.

Les habitudes des saumons à la mer sont assez curieuses. Ces poissons ne s'écartent jamais du bord; à la distance de plus d'un mille au-delà on n'en rencontre aucun, ils voyagent en longeant la côte, et vont fort loin, souvent à 30 milles de l'embouchure de la rivière qu'ils ont adoptée; enfin ils reviennent toujours dans leur rivière natale. Ce dernier fait a donné lieu à d'intéressantes observations. Dans le golfe de Moray, par exemple, viennent se jeter trois rivières, le Ness, le Thin, le Bearlu; les saumons appartenant à chacun de ces cours d'eau ne les confondent jamais et remontent toujours dans leurs fleuves respectifs, qui produisent chacun une race particulière facilement reconnaissable à sa conformation. Ces trois variétés vont tous les ans se mêler ensemble dans le golfe pour y pâturer sur un fond commun, mais quand les instincts de la reproduction les entraînent vers les lits de ponte, les troupeaux se séparent, et chaque colonie rejoint son cours d'eau respectif.

Quand la source du fleuve est un lac situé à une trop grande hauteur, on voit les saumons qui arrivent au pied de la cataracte déployer un courage inutile pour essayer de la franchir, et de trouver sur la montagne la place qu'ils cherchent. Ils s'élancent alors par bonds de plusieurs mètres à travers les cascades, s'appuyant sur toutes les aspérités de la digue naturelle comme sur les barreaux d'une échelle qui les conduirait certainement au but si elle était continue. Mais cette continuité faisant défaut, ils retombent dans le bassin inférieur, et recommencent ce manége jusqu'à ce que, exténués de fatigue, ils ne puissent plus se dérober à la main du pêcheur.

Si, à l'égard de la fécondation artificielle, nos voisins d'Outre-Manche ne se sont montrés qu'intelligents imitateurs et habiles praticiens, il est d'autres procédés de pisciculture dont ils peuvent revendiquer l'invention. Tels sont, entre autres, les échelles ou escaliers à saumon. Ces appareils ont été imaginés pour permettre aux poissons de franchir les barrages naturels ou artificiels qui existent sur un grand nombre de rivières. Le système à escaliers consiste en une série de réservoirs carrés, en bois, posés les uns au-dessus des autres à la hauteur de deux pieds comme autant de grandes caisses. Ce procédé permet aux saumons et aux truites, quelle que soit la hauteur du barrage, de passer de l'aval à l'amont du fleuve, en sautant d'auge en auge sans trop d'effort et de fatigue.

L'autre système, dit à échelle, est plus simple encore; on construit au moyen d'un terrassement et de deux fortes cloisons une sorte de longue stalle large d'environ 20 pieds qui rejoint par une pente douce les deux parties de la rivière. Puis, de 10 en 10 pieds, on établit graduellement une série de cloisons transversales formant autant de bassins d'une profondeur convenable, et, grâce à ces moyens, le saumon peut opérer sons ascension successive de bassin en bassin.

Le mode de construction des échelles et dès escaliers à saumons dépend de la hauteur de la chute et des accidents du terrain; mais, quel qu'il soit, l'utilité de ces appareils est reconnue partout. Il en existe plusieurs en Ecosse, entre autres à Deamton, près Stirling, sur le Teith, et à Blantyre, sur la Clyde; mais c'est surtout en Irlande, où la pêche a pris des proportions énormes, que ces appareils sont établis et rendent de grands services. Leur prix est relativement modique, puisque certains propriétaires peuvent retrouver, dans le revenu d'une seule année de pêche ainsi créée, le capital même de leurs déboursés. Nous citerons comme exemple le fait suivant. En Irlande, près de Sligo, trois petites rivières, l'Arrow, la Colloones et la Colaney, se réunissent sur un même point et se précipitent à pic dans la mer, d'une hauteur de plus de 20 pieds. Toute communication-entre la mer et la rivière étant impossible pour le poisson, ces trois rivières se trouvent privées du précieux saumon. Un propriétaire, M. Cooper, de Mackrec-Castle, eut l'idée d'établir près de ce petit Niagara une échelle à saumons, et son essai réussit au-delà de ses espérances. Dès la première année, on vit quelques saumons remonter l'échelle, l'année suivante on en compta jusqu'à 400, et la troisième année, en 1857, un fermier demanda à louer la pêche du saumon au prix annuel de 500 livres; aujourd'hui ce revenu a déjà doublé de valeur.

Les conséquences de la fécondation artificielle, au point de vue du repeuplement des différents cours d'eau, sont incalculables ; et, pour s'en faire une idée, il nous suffira de dire qu'au Collége de France, dans six mètres cubes d'eau de la Seine, simplement renouvelée par un robinet, on voit encore aujourd'hui plus de cinq cents individus de la famille des salmonidés, la plupart en état de reproduction, n'ayant jamais quitté la prison cellulaire où ils subissent depuis leur naissance le régime de la stabulation.

Nous voici au terme de notre résumé.

L'ouvrage que nous venons d'analyser est, comme on peut s'en convaincre, un livre écrit avec une grande fidélité d'observation; il restera comme un monument acquis à la science, et servira de guide à tous ceux qui voudront se livrer avec fruit à cette branche si intéressante de l'histoire naturelle. Ce qui en démontre surtout, de la manière la plus probante, l'utilité pratique, ce sont les heureuses tentatives qui ont été faites, en 1856, au bois de Boulogne, dans les eaux que la Seine fournit à l'embellissement de cette magnifique promenade.

Environ 50,000 saumons ou truites à l'état *d'alevin*, c'est-à-dire de très-jeune poisson, furent pris par M. Coste dans son laboratoire du Collége de France, où ils étaient nés par l'éclosion artificielle. On les jeta dans le lac et les divers cours d'eau qui parcourent le bois, puis on les abandonna à eux-mêmes.

Ces jeunes poissons ont rapidement prospéré et grandi au sein de ces eaux, et en février 1856, quelques coups d'épervier jetés du bord du lac seulement, suffirent pour amener cent-dix truites et saumons dont les uns étaient âgés d'un an et avaient déjà de 14 à 16 centimètres de long; les autres, âgés de trois ans, n'avaient pas moins de 40 centimètres et un poids de deux livres.

Une conséquence très-sérieuse résulte de la grande expérience qui s'est opérée au bois de Boulogne. Cette expérience est tellement concluante qu'elle peut être considérée comme la preuve, désormais acquise, de la possibilité de réaliser à coup sûr, dans des bassins d'eau presque dormante, l'élève et l'acclimatation des espèces les plus estimées des poissons comestibles. Les faits qui ont été constatés en cette circonstance sont donc la plus éloquente démonstration qui puisse exister de la certitude et de l'avenir de la pisciculture. Cette dernière se montre enfin aujourd'hui ce qu'elle est réellement, c'est-à-dire une des plus belles conquêtes de la civilisation, une création qui honorera à jamais les sciences naturelles, et qui est appelée à rendre à l'alimentation de l'homme des services dont il est impossible de calculer en ce moment la portée.

A. CONSTANTIN.

Extrait du **Bulletin** de la Société Académique de Brest.

Brest, Imp. de J. B. Lefournier aîné.